Habla

peces

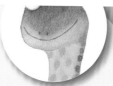

serpientes

camellos

¿Te has preguntado alguna vez por qué lloran los cocodrilos?, ¿por qué brillan tanto los ojos de los gatos? o ¿por qué los pingüinos andan a pasitos cortos? Aquí hallarás las respuestas.

tortugas

gatos

ratones

pájaros

DIRECCIÓN EDITORIAL M.ª Jesús Díaz

TEXTOS Consuelo Delgado
ASESORAMIENTO PEDAGÓGICO María Luisa García Herrero
ILUSTRACIONES Teresa Novoa
DISEÑO DE COLECCIÓN José Delicado
REALIZACIÓN Y EDICIÓN delicado diseño

© SUSAETA EDICIONES, S.A.
C/ Campezo, 13 - 28022 Madrid
Tel.: 91 3009100 - Fax: 91 3009118
www.susaeta.com

D.L.: M-20993-MMXIII

El *porqué* de los
ANIMALES

Texto de Consuelo Delgado
Ilustraciones de Teresa Novoa

¿Por qué los elefantes tienen trompa?

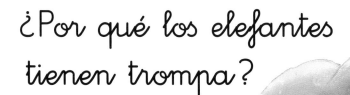

La trompa es su nariz prolongada. Con ella respiran, pero también beben ¡y hasta se duchan!

Uso la trompa como una mano para agarrar cosas y llevarme comida a la boca.

¿Por qué tienen jorobas los camellos?

En el desierto hay poca agua y plantas. Gracias a la grasa que almacenan en sus jorobas, pueden pasar días sin comer ni beber.

jorobas del camello

joroba del dromedario

7

¿Por qué cantan los gallos?

Cada día, nada más despertarse, el gallo necesita demostrar quién manda sobre sus gallinas. Por eso canta.

KI KI R

KI

Y si otro gallo le quiere quitar las gallinas, le contestará con otro canto y pelearán entre ellos.

¿Por qué cantan los pájaros?

Así se comunican entre ellos para avisar dónde hay comida o algún peligro, o para llamarse.

Algunas personas los imitan, pero muy mal.

¿Por qué lloran los cocodrilos?

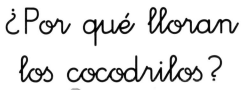

Producen unos sonidos muy parecidos al llanto de un bebé, para atraer a sus víctimas y comérselas.

¿Por qué brillan los ojos de los gatos en la oscuridad?

Porque en la oscuridad su pupila se abre del todo y, además, un espejo que tienen detrás de la retina refleja luz y da un brillo luminoso a sus ojos.

¿Por qué los gatos caen siempre de pie?

Porque tienen una columna muy flexible y pueden girar y curvar el cuerpo con facilidad mientras caen.

¿Por qué las tortugas llevan un caparazón a cuestas?

Es su mecanismo de defensa ante el ataque de cualquier animal. Sin el caparazón quedarían desprotegidas.

¿Por qué tejen telas las arañas?

Porque así se pueden comer a los insectos que toquen la tela y queden atrapados en ella.

¿Quién caerá en la telaraña?

¿Por qué hablan los loros?

Gracias a los pequeños movimientos de su lengua pueden imitar sonidos humanos.

BLA BLA BLA BLA BLA BLA BLAAAA BLAAAA bla bla

También algunas personas hablan sin pensar, igual que los loros.

¿Por qué hay serpientes venenosas?

Es su modo de defenderse y de atacar. El veneno lo pasan a sus víctimas con los colmillos.

17

¿Por qué algunos animales duermen durante el invierno?

Los osos, por ejemplo, pasan todo el invierno durmiendo para no tener necesidad de comer, porque con la nieve no encuentran alimento.

¿Por qué pican los mosquitos?

Los mosquitos se alimentan de la sangre que chupan cuando pican a un animal.

¡Nosotros debemos de gustarles mucho!

¿Por qué ponen huevos las gallinas?

Las gallinas se reproducen por huevos. De cada huevo saldrá un pollito después de que su madre lo incube (le dé calor) durante veintiún días.

¿Por qué los gatos persiguen ratones?

Porque los ratones son su alimento preferido, aunque también cazan insectos y pajarillos.

¿Por qué dicen que los gatos tienen siete vidas?

Porque son capaces de saltar desde mucha altura sin morir.

¡Hasta resucita el gato al olor de las sardinas!

¿Por qué se llevan mal el perro y el gato?

Su instinto les hace pelearse. Quizá porque al ser domesticados por las personas, compiten por ganarse el afecto de sus dueños.

¡MIAU!
¡MIAU!
¡MIAU!
¡MIIIAU!

¡GUAUU!
¡GUAUU!
¡GUAUUU!

¡MIIIAU!
¡GUAU!
¡GUAU!
¡MIAU!

PAZ

¿Por qué la rata no es la hembra del ratón?

Porque son especies distintas de animales.

Recuerda: hay ratas macho y ratas hembra, y lo mismo sucede con los ratones, los hay machos y hembras.

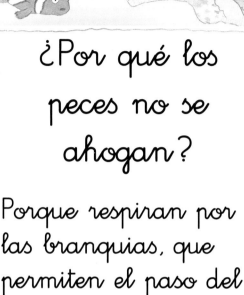

¿Por qué los peces no se ahogan?

Porque respiran por las branquias, que permiten el paso del agua y toman su oxígeno.

¿Por qué pueden volar las aves?

Porque tienen alas, que mueven con gran fuerza para elevarse y volar. También aprovechan las corrientes de aire sin mover las alas.

¿Por qué los pájaros se posan en los cables de la luz y no les da calambre?

Porque solo tocan un cable. Si tocasen los dos cables a la vez, sí cerrarían el circuito eléctrico y les daría calambre.

¿Por qué andan a pasitos cortos los pingüinos?

Porque no tienen rodilla para doblarla y dar un paso mayor. Solo poseen la parte de la pata con que pisan.

¿Por qué la paloma es el símbolo de la paz?

La Biblia cuenta que el diluvio universal que provocó Dios por la maldad humana terminó cuando la paloma que soltó Noé volvió con una rama de olivo, significando que Dios estaba de nuevo en paz con la humanidad.

Picasso pintó esta paloma y la hizo inmortal.